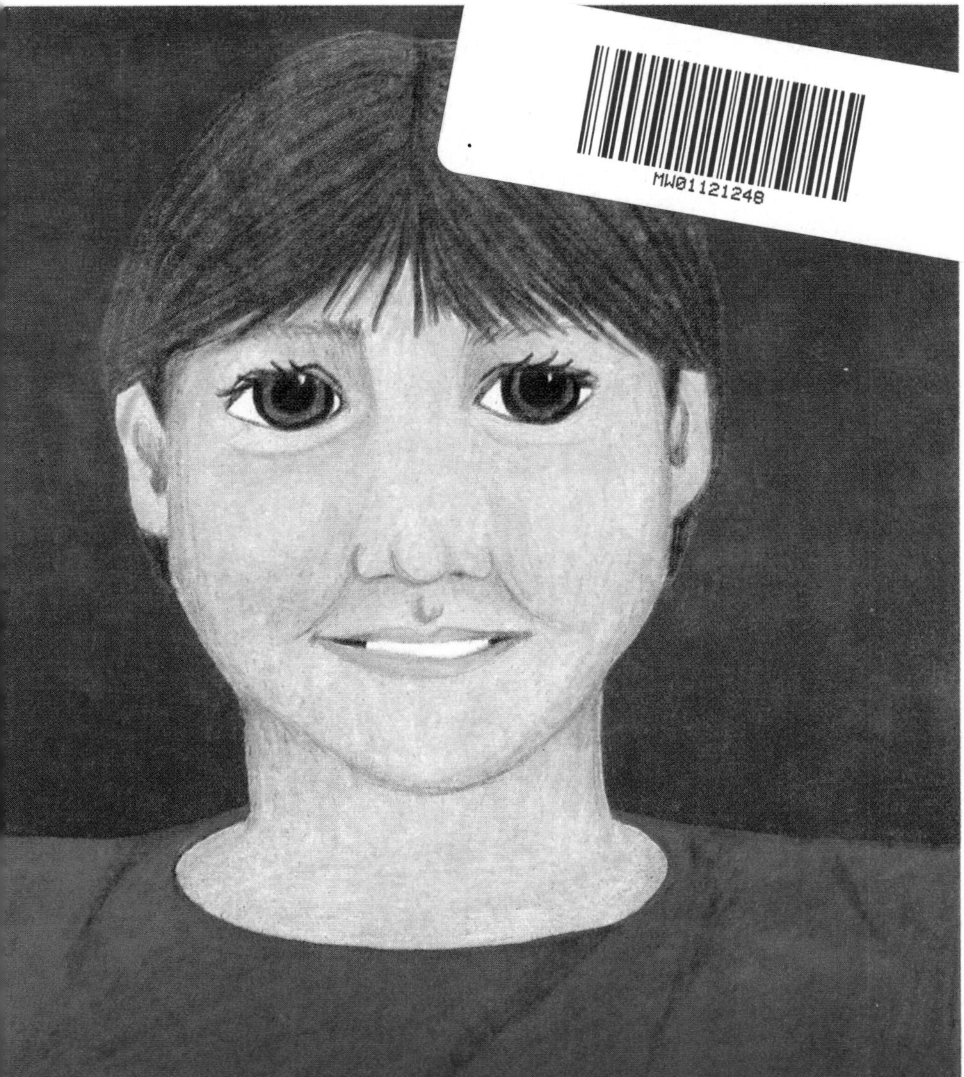

Mi nombre es Miguel.

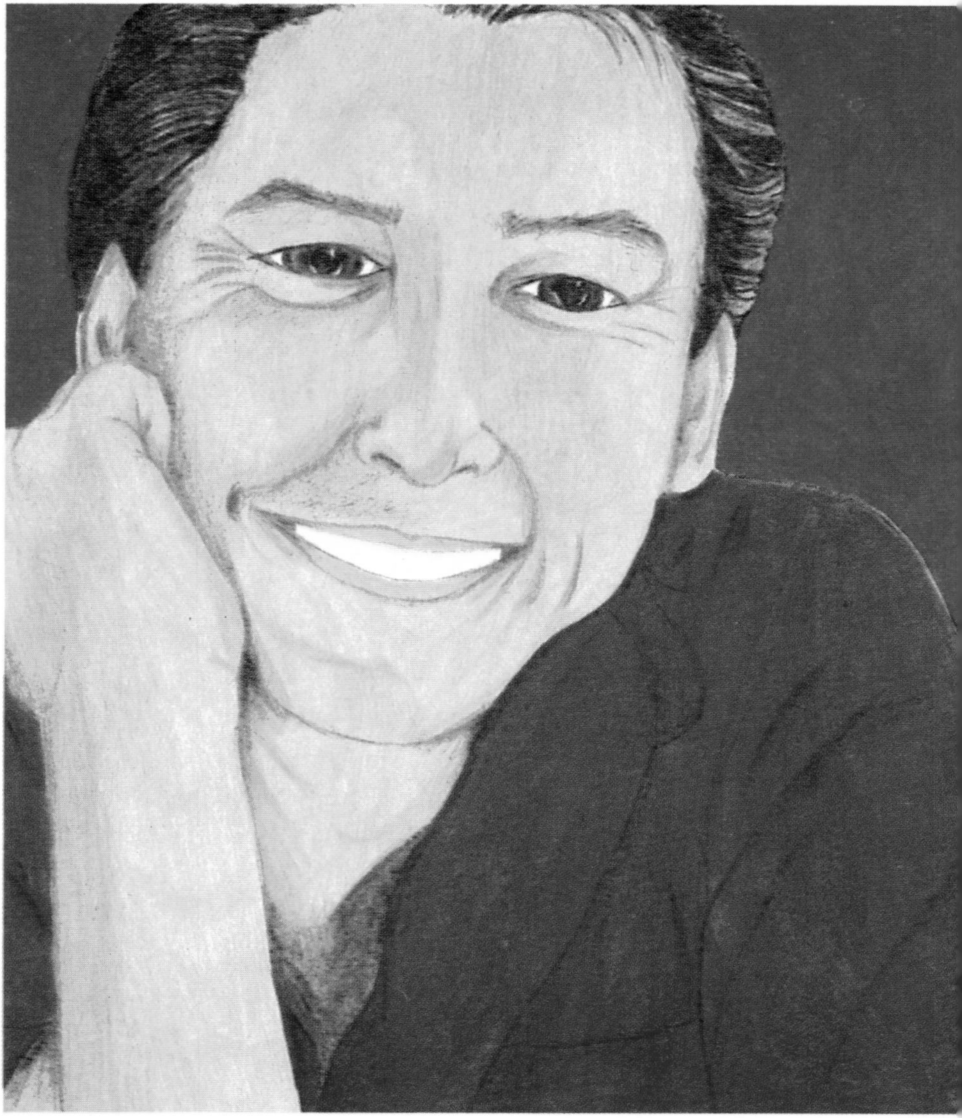

Este es mi papá.

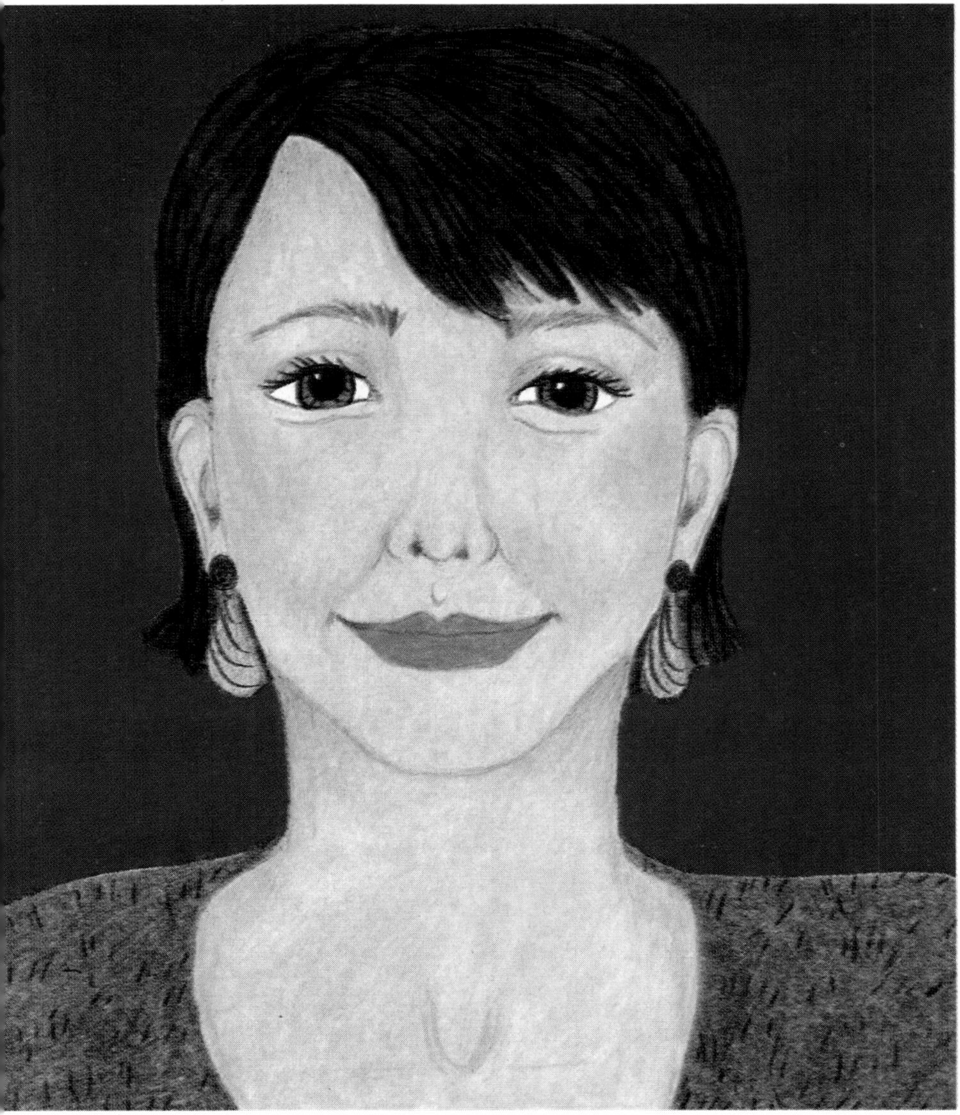

Esta es mi mamá.

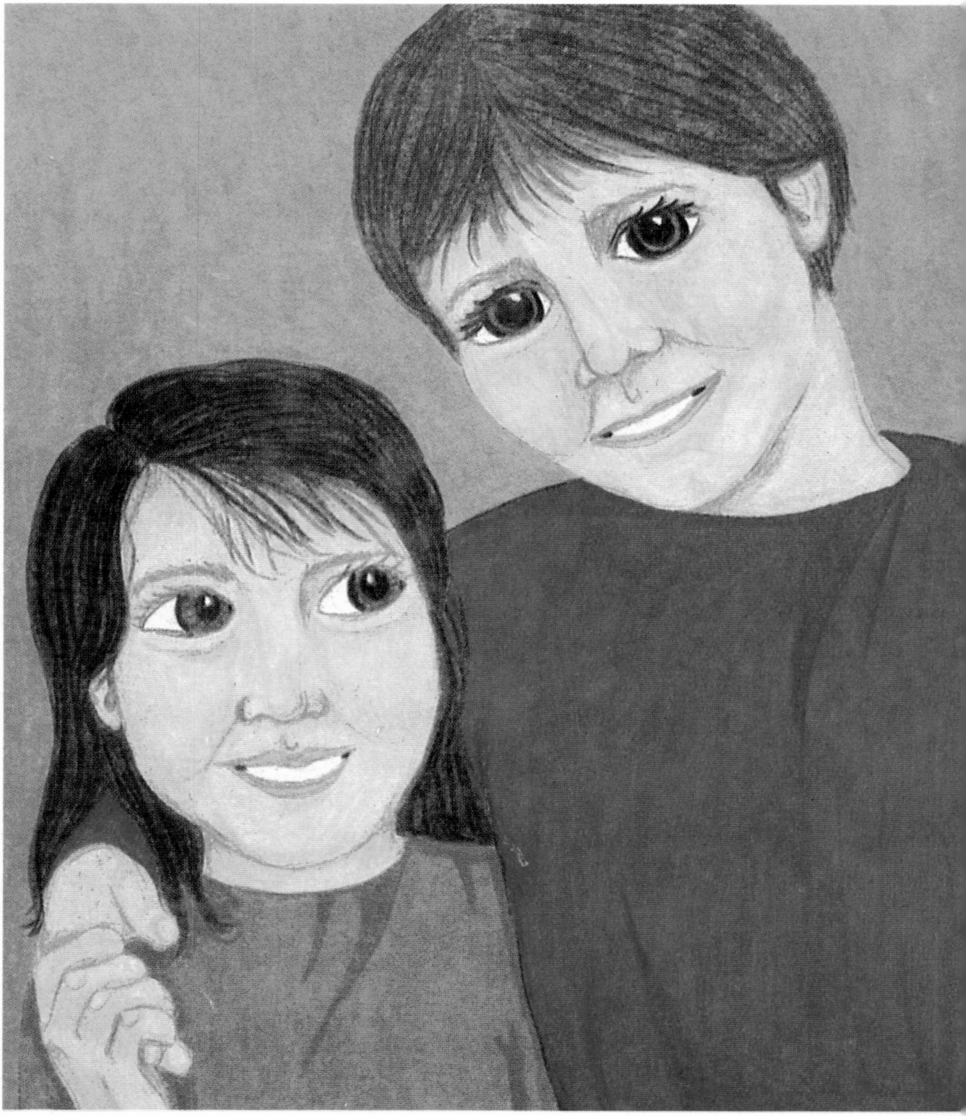

Esta es mi hermana.

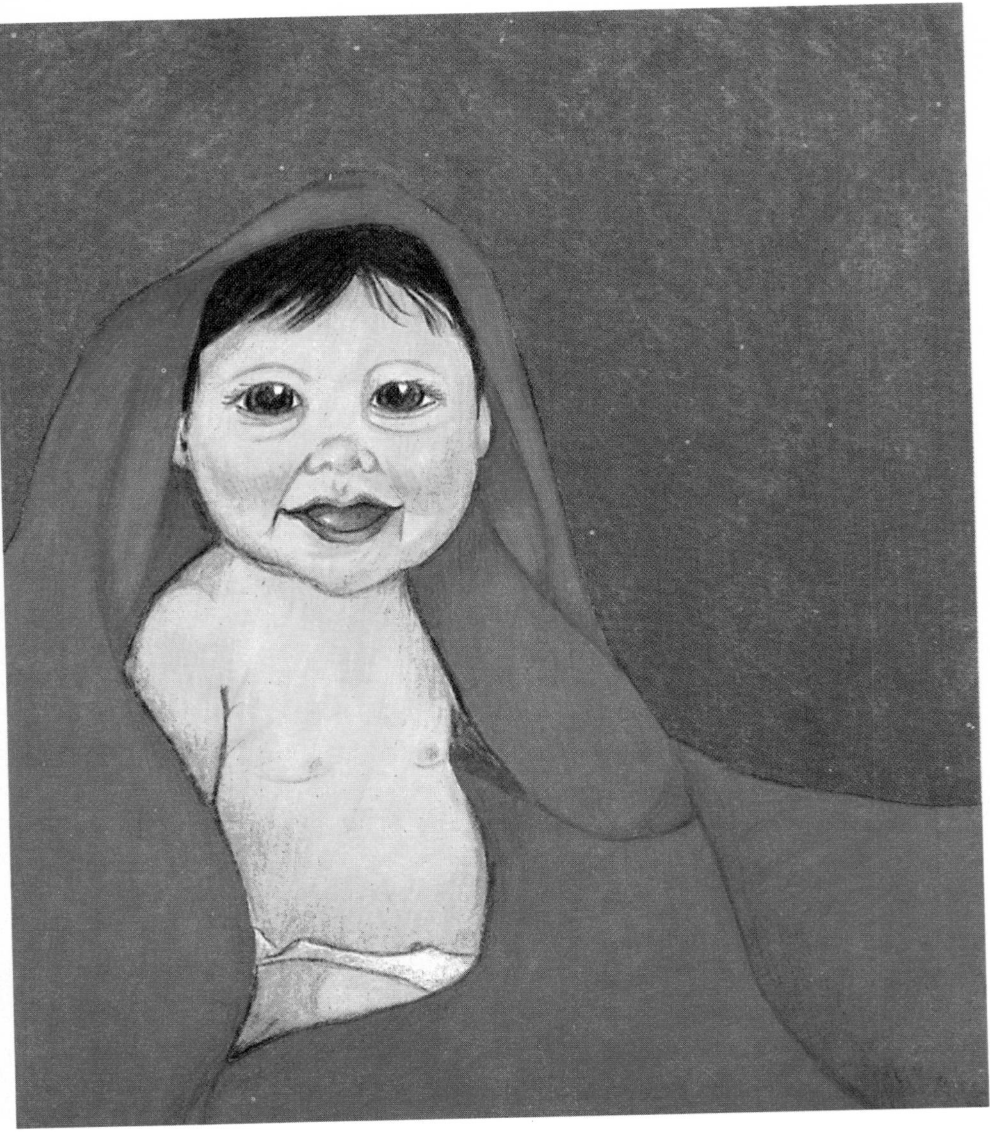

Este es mi bebito.

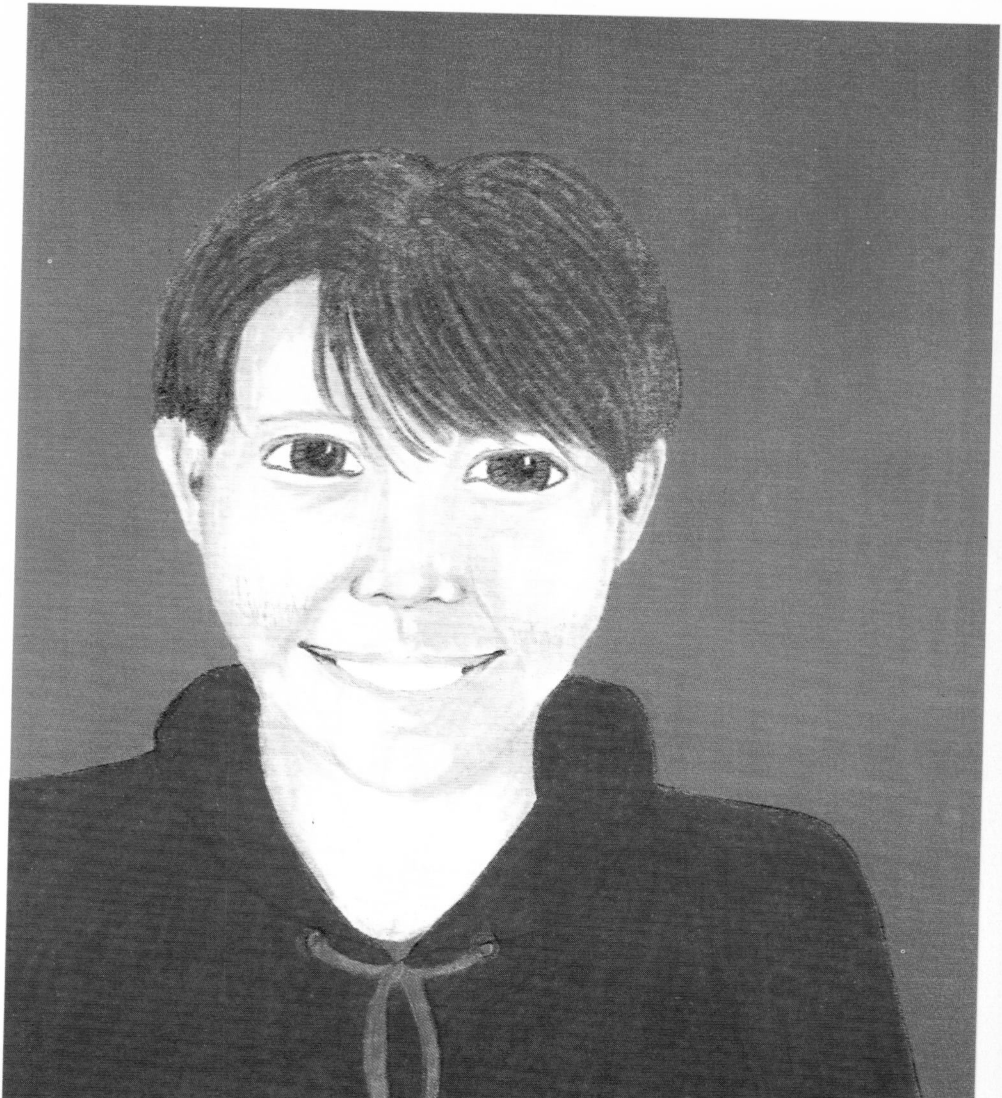

Este es mi hermano.

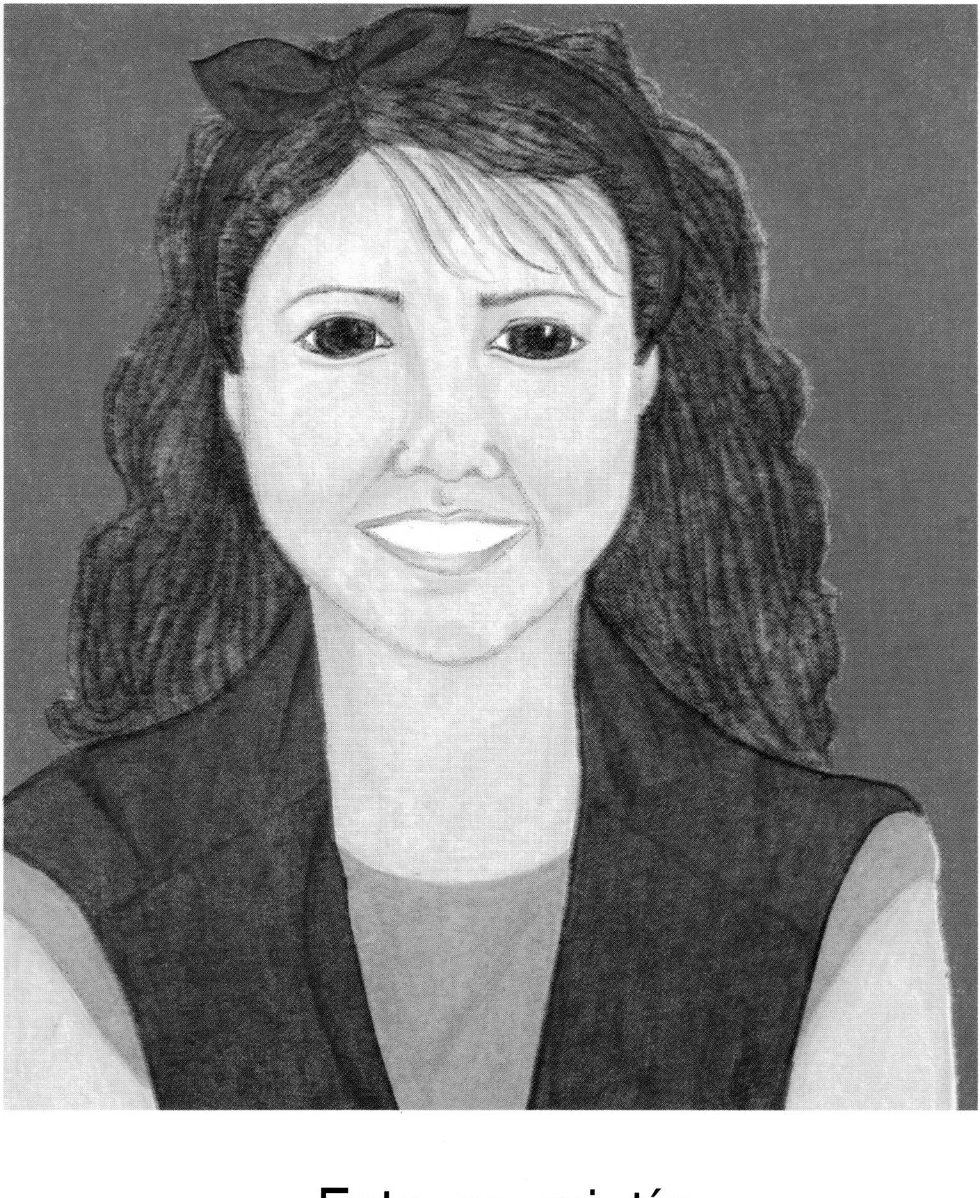

Esta es mi tía.

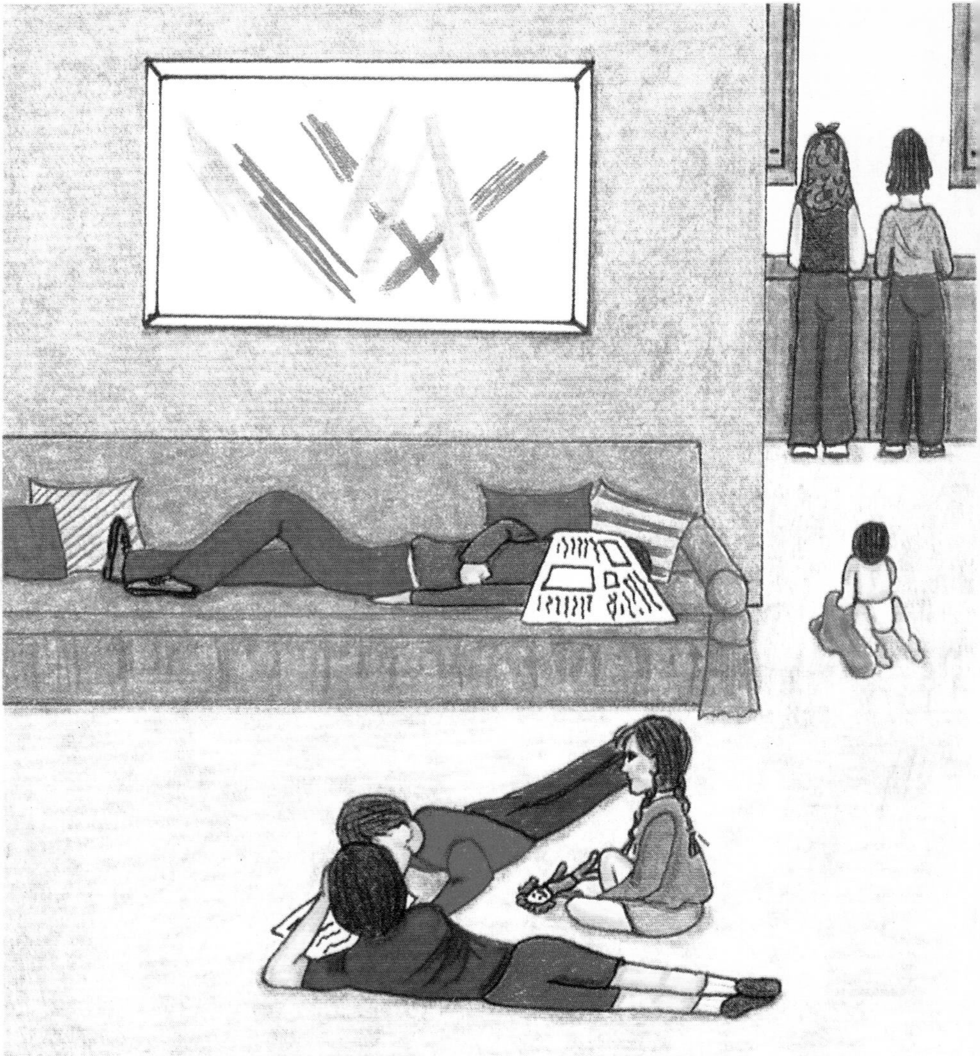

Esta es mi familia.